UNIVERSITÉ DE FRANCE.

ACADÉMIE DE STRASBOURG.

ACTE PUBLIC
POUR LA LICENCE

PRÉSENTÉ

A LA FACULTÉ DE DROIT DE STRASBOURG,

ET SOUTENU PUBLIQUEMENT

Le Mardi 20 Janvier 1846, à midi,

PAR

CHARLES-EUGÈNE DORMOY,

DE CINTREY (HAUTE-SAÔNE).

STRASBOURG,

IMPRIMERIE DE V.ᵉ BERGER-LEVRAULT, RUE DES JUIFS, 33.

1846.

A MON PÈRE

ET

A MA MÈRE.

Amour filial.

C. E. DORMOY.

FACULTÉ DE DROIT DE STRASBOURG.

PROFESSEURS.

MM. Rauter ✽, Doyen et professeur de procédure civile et de législation criminelle.

Bloechel, Professeur de Droit civil français.

Hepp, Professeur de Droit des gens.

Heimburger, Professeur de Droit romain.

Thieriet ✽, Professeur de Droit commercial.

Aubry ✽, Professeur de Droit civil français.

Schützenberger ✽, Professeur de Droit administratif.

Rau, Professeur de Droit civil français.

PROFESSEURS SUPPLÉANTS.

MM. Eschbach.

Destrais.

————

M. Pothier, Secrétaire, agent comptable.

————

M. Thieriet ✽, Président de la thèse.

Examinateurs MM.
- Thieriet ✽,
- Aubry ✽,
- Schützenberger ✽,
} Professeurs.
- Eschbach, Professeur suppléant.

La Faculté n'entend ni approuver ni désapprouver les opinions particulières au candidat.

JUS ROMANUM.

DE PROMULGATIONE, PUBLICATIONE ET ABROGATIONE LEGUM.

PROŒMIUM.

Lex pro jure civitatis generaliter sumitur. Definit PAPINIANUS[1] : *Lex est commune præceptum, virorum prudentium consultum, delictorum, etc.;* MARTIANUS[2] vero : *Lex est cui omnes obtemperare convenit;* et præterea, *Lex est omnium divinarum et humanarum rerum regina;* vel in Codice[3] : *Leges sacratissimæ, quæ constringunt hominum vitas.*

Leges sunt scriptæ vel non.

Leges scriptæ sunt : lex proprie dicta, senatus-consultum, plebiscitum, constitutiones principum, edicta prætoris seu ædilitium et responsa prudentum.

Lex est quod populus romanus, senatorio magistratu interrogante, veluti consule, constituebat.

Senatus-Consultum est quod senatus jubebat atque constituebat. Perpetuum per se obtinet firmitatem.[4]

Plebiscitum est quod plebs, plebeio magistratu interrogante (veluti tribuno), constituebat.

Constitutio principis est quod principi placuit : nam a lege regia, *quodcumque per epistolam et subscriptionem statuit, vel cognoscens*

---

1 L. 1. D. de leg.
2 L. 2, *ibidem.*
3 L. 9. C. de leg.
4 L. 1, Cod. de Senatus-Cons.

decrevit, vel de plano interlocutus est, vel edicto præcepit imperator, legem esse constat. [1]

Edictum prætoris est jus quod prætor introduxit juvandi, supplendi, vel corrigendi juris civilis gratia.

Responsa prudentum sunt sententiæ et eorum opiniones, quibus a Cæsare permissum erat jura condere.

Leges non scriptæ a natura (tum firmæ atque immutabiles permanent), seu consuetudine, seu moribus constitutæ sunt. Hæ leges sæpissime memorantur passim in toto corpore juris civilis. [2]

Nunc de promulgatione disserendum.

CAPUT PRIMUM.

De promulgatione legum.

In primis reipublicæ temporibus, legum inter promulgationem et publicationem non longe differebat. Promulgatio nihil aliud erat quam convocatio omnium civium ad jura condenda. Lege rogata, in comitiis conveniebant Romani, ut inspiceret qui vellet, inspectam consideraret, et antequam ferretur, legem cuivis discutere liceret, utrum antiquanda suffragiis an accipienda esset. Per dies viginti septem vel trinundinum lex accurate examinabatur, et in illo spatio cuivis latorem legis monere fas erat, vel de corrigenda, vel omnino de non ferenda lege. In trinundino ex agris in urbem conveniebat plebs rustica, et urbis civibus adjuncta, omnibus perlegere cognoscereque legem licebat.

Regnante JUSTINIANO omnino differt modus promulgationis. Leges non condit populus, sed imperator, et meritissimo dixit in §. 1 Procemii Inst.: *Omnes vero populi legibus a nobis promulgatis, vel compositis, reguntur.*

---

1 L. 1, §. 1. D. de const. princip.

2 L. 4, D. de feriis. — L. 3, §. 6, D. de testib. — L. 19, C. de locat. et cond. — L. 6, §. 1, in fine, D. quod cujusque univ. nom. — L. 1, §. 15, D. de ventre in poss. mit. — L. 32, §. 6, D. de adm. et peric. tut. — L. 3, C. de ædificiis priv.

Et iterum: in Nov. 143: *Tanquam si nostra lex ab initio cum inter-
pretatione tali a nobis promulgata fuisset;* sic etiam in cod. L. 8, De
leg. : *Scitote igitur, patres conscripti, non aliter in posterum legem a
nostra clementia promulgandam, nisi supradicta forma fuerit observata.*

Adventis iis temporibus promulgatio non erat populi convocatio, sed
ab imperatore jussus executionis latus; et hodie verbum promulgationis
in eodem sensu usurpatur.

Forma promulgationis fere in fine cujusque tituli codicis invenitur.
Sic est : *Quæ igitur nobis placuerunt,* etc. *Hæ igitur quæ a nobis sta-
tuta sunt,* etc. *Quæ igitur visa sunt,* etc.

Non confundi debet sanctio cum promulgatione. Sanctio est legis
perfectio ab imperatoris approbatione; promulgatio vero, ut dictum est
supra, est jussus executionis.

CAPUT SECUNDUM.

De publicatione legum.

Publicatio legis est modus a quo lex universis civibus manifesta est.
Publicatio nec non interest inter tempora reipublicæ et imperatorum.
In republica, lex a populo condita, per tres dies in foro publicabatur.
Postea vero, paulum mutatur hic modus et lex in tabulis scripta ad
rostra figebatur.

Usque ad regnum imperatorum, leges sic publicantur. Sed illis regnan-
tibus, rescripta sive constitutiones principum fiunt populo regulæ; et invenitur in corpore juris civilis romani modus quo publicabantur. Illa
rescripta, imperator ad præfectos prætorio mittebat ut eorum cura pro-
ponerentur populis, cum in Roma, tum in publicis cujusque civitatis
locis. Sic invenitur in fine fere omnium Novellarum. [1]

---

1 Nov. 163 quæ igitur.... per provincias omnibus manifesta faciet. Nov. 161 quæ....
urbe proponet .... mittet per provincias. Nov. 116 hæc .... celsitudo ad omnium
notitiam faciat pervenire, etc.

Ad perfectionem legis pertinet publicatio, et certe, lex non rite publicata, nullo modo cives obligare potest. Advenit igitur, quibus in locis publicatio ignota est, populos quidem non obligari, et illa ratione cives non astringi. Et enim non obligatoria potest esse lex, in loco, quo neglecta fuerit publicatio.

Videamus ergo a quo tempore lex obligatoria fit. Dicendum est legem generaliter a tempore publicationis et scientiæ obligare, ut patet ex constitutione VALENTINIANI et MARTIANI, ibi (L. 9, C. de leg.) : *Leges sacratissimæ, quæ constringunt hominum vitas, intelligi ab omnibus debent, ut universi præscripto earum manifestius cognito, vel inhabita declinent, vel permissa sectentur*, et adhuc in Nov. 66: *Sancimus nostras constitutiones valere, ex quo in commune factæ sunt manifestæ.*

Attamen invenitur in supra dicta Novella scriptum : *Sancimus, si scripta fuerit hujus modi lex, hanc post duos menses dati ei temporis valere, et in republica tractari, sive in hac felicissima civitate, sive in provinciis, post insinuationem sufficienti hoc tempore omnibus manifestam eam constituere.*

Ex illa lege videtur duos menses esse ad publicationem legis. Considerandum est in Nov. 66 tantum agere de solemnibus testamentorum. Exinde vero ad leges latas super alia ducere non licet argumentum; nam imperator ipse, spatium ad novas constitutiones attinere se nolle, satis manifeste declarat in Nov. 58 : *Omnibus enim habitatoribus interdicimus in domibus suis quosdam quasi orationum domos habere; sciant qui habent, quod nisi intra tres menses, ex quo hæc lex insinuata fuerit, hæc correxerint.* Et in Nov. 116, cap. I : *Sint igitur omnes scientes..... quod nisi intra triginta dierum dilationem, computandorum ab insinuatione per loca præsentis nostræ dispositionis, eos expulerint.*

Ex diversis scriptis, nos, si licet afferre sententiam, opinamur : nova lex statim ac promulgata sit, nisi princeps aliquod spatium indulserit, observari debet.

Lege publicata, ab omnibus nosci censetur : *Constitutiones principum nec ignorare quemquam, nec dissimulare permittitur* (L. 12, C. de juris et facti ignor., et in Nov. 66 : *Culpabit enim qui positas ignorat constitutiones.*

CAPUT TERTIUM.

De abrogatione legum.

Permutantibus utroque die moribus, advenit ut lex mox noceat populorum accretioni. Quædam etiam lex periculosa esse potest, et necesse est novas condere, quibus priores abrogantur. Dicimus ergo de abrogatione.

Legum conditor illas etiam diruere potest voluntate contraria. Abrogatur cum lex prorsus tollitur. Derogatur cum tantum pars primæ legis detrahitur. Legislatori est constitutionum utilitatem cognoscere et quando non valent felicitati reipublicæ, illas in melius reducere; ut ait Justinianus in Nov. 91 : *Dudum judicantibus nobis in dubitationem venit causa multa correctione digna, et legislatione clariori non indigna.*

Abrogatio est expressa vel tacita.

§. 1. Expressa est, quando lex pristina a nova tollitur : Ita lex Fusia Caninia sublata est a lege 1, Cod. de leg. Fus. Con. toll. Item de discrimine rerum mancipi et nec mancipi. [1]

Lex etiam abrogatur a verbis evidenter contrariis quæ exstant in posteriore. Jurisconsulti alias cum aliis debent componere leges, et indicare quo modo priores a posterioribus limitantur. Constitutio enim ab alia derivat et altera per alteram explicatur; ut invenitur apud Paulum et Tertullianum [2]. *Ideo, quia antiquiores leges ad posteriores trahi usitatum est. — Sed et posteriores leges ad priores pertinent.*

§. 2. Abrogatio est tacita, quando mores, res et personæ de quibus stipulabatur, ita mutatæ sunt, ut legi nequidem obtemperare possit. Sic

---

1 Inst. lib. 2.
2 LL. 27 et 28, D. de legibus.

evenit in modo acquirendi dominium. Omnibus dato jure italico, ager romanus a provinciis non distulit, et omnibus par emptio fuit.

Adhuc valet abrogatio tacita quando lex ad certum tempus condita est. Elapso tempore, lex abrogatur.

In corpore Juris civilis Romani inveniuntur contrariæ in abrogatione legum ab usu sententiæ. ULPIANUS ait[1] : *Nam cum ipsæ leges nulla alia ex causa nos teneant, quam quod judicio populi receptæ sunt : merito et ea, quæ sine ullo scripto populus probavit, tenebunt omnes : nam quid interest, suffragio populus voluntatem suam declaret, an rebus ipsis et factis? Quare rectissime etiam illud receptum est, ut leges non solum suffragio legislatoris, sed etiam tacito consensu omnium per desuetudinem abrogentur.* Nititur enim contraria opinio in fine Novellarum JUSTINIANI. Sic ait, in Nov. 43, epil. : *Jam inde in omne reliquum tempus custodiet;* et Nov. 49, epil. : *Custodire in perpetuum festinet;* et Nov. 53 : *Volumus.... durare reliquum tempus immutilata.*

Finiendo hoc præceptum memorare debemus: « Onus probandi incumbit « ei qui dicit, non qui negat. » Qui enim abrogationem legis allegat, eam probare tenetur; nam leges semel promulgatæ et receptæ, perpetuo durare præsumuntur.

---

1 L. 32, S. 1, D. de legibus.

DROIT CIVIL.

DE LA PROMULGATION, DE LA PUBLICATION ET DE L'ABROGATION DES LOIS CIVILES.

NOTIONS GÉNÉRALES.

La loi, considérée sous le point de vue de la jurisprudence et dans le sens le plus étendu, est toute règle établie par l'autorité qui, d'après la constitution politique, a le pouvoir de commander, de défendre ou de permettre dans toute l'étendue de l'État.

La nature nous a imposé des lois communes à tous, c'est ce qui a été reconnu par tous les jurisconsultes, qui, pour les distinguer des lois établies par les hommes, ont appelé les premières lois naturelles et les secondes lois positives.

Les lois positives se subdivisent en lois civiles et lois politiques ou publiques. En effet elles sont relatives, soit au bien public et au gouvernement de l'État, ce sont alors des lois politiques ; ou bien elles statuent sur l'intérêt des particuliers, dans ce dernier cas elles sont lois civiles.

Cette dernière distinction n'existait pas chez les Romains, comme on peut le voir d'après le §. 1ᵉʳ, *Inst. De jur. nat., gent. et civ.* ; les lois civiles y sont ainsi définies : *Quod quisque populus ipse sibi constituit, id ipsius proprium civitatis est, vocaturque jus civile.* Justinien appelait lois civiles, toutes les lois positives des Romains, sans considérer l'objet auquel elles s'appliquaient.

Le Droit civil, entendu dans le sens de Justinien, renferme différentes espèces de lois, qui sont : les lois constitutionnelles, les lois administratives, les lois civiles proprement dites, les lois commerciales, les lois de procédure, les lois criminelles ou pénales.

Les lois prennent encore d'autres noms, suivant la puissance dont elles émanent. Sous ce point de vue on trouve la loi proprement dite, les ordonnances royales qui ont remplacé les décrets impériaux, et les arrêtés pris par les fonctionnaires auxquels la loi a donné ce pouvoir. Les sénatus-consultes rendus sous l'empire de Napoléon ont aussi force de lois.

Les différentes sortes de gouvernements qui ont existé en France, ont fait varier la manière d'établir les lois. La Charte constitutionnelle de 1830 a réglé (art. 14 et 18) la forme de la puissance législative, qui maintenant décrète nos lois. Cette puissance se partage en trois branches : 1.° la Chambre des pairs, qui vote la loi après l'avoir discutée en public ; 2.° la Chambre des députés, qui, de même que la Chambre des pairs, vote et discute la loi, et 3.° le roi, qui la sanctionne et la promulgue. A chacune de ces branches appartient la proposition de la loi, pouvoir que ne leur accordait pas la Charte de 1814, dont l'article 14 attribuait au roi seul l'initiative de la loi.

Le vote du budget offre une dérogation assez remarquable à notre système législatif, qui permet de présenter indistinctement la loi à l'une ou à l'autre des deux Chambres. La Charte (art. 15) a réservé à la Chambre des députés le droit de voter la première sur une question aussi importante.

Après avoir dit comment se fait la loi, voyons comment elle est rendue exécutoire ; c'est ce qui fera l'objet des chapitres suivants, où il sera traité de la promulgation, de la publication et de l'abrogation des lois.

CHAPITRE PREMIER.

De la promulgation des lois.

La promulgation est l'acte par lequel le roi , comme chef du pouvoir exécutif, imprime à la loi sa force exécutoire, intime aux autorités administratives et judiciaires l'ordre de la maintenir, de la faire garder et maintenir.

La promulgation diffère de la sanction, et il est important de les distinguer. C'est par la sanction que le roi prend part à la formation de la loi, comme pouvoir législatif.

La loi sanctionnée existe; mais la sanction étant un acte secret du roi, qui peut la refuser, il faut que le corps social, qui est régi par cette loi nouvelle, soit averti de cette sanction pour pouvoir s'y conformer; et c'est par la promulgation que le roi, comme chef du pouvoir exécutif, annonce au peuple l'existence de la loi.

Le mode de promulgation a subi plusieurs variations. Chez les Romains, ainsi que nous l'avons dit dans notre thèse du Droit romain, la promulgation n'était autre que la proposition de la loi elle-même, que le peuple venait examiner dans le Forum avant de voter.

Lors de l'établissement des Francs dans les Gaules, les rois des deux premières races décrétaient les lois et les faisaient lire au peuple rassemblé dans le Champ de Mars pour obtenir son approbation. Cette approbation seule rendait la loi exécutoire, comme on le voit dans les Capitulaires de Charlemagne : *Capitularia quæ Franci pro lege tenenda judicaverunt.* Charles le Chauve, dans son édit de Pitre, dit la même chose. Il s'exprime ainsi : *Lex consensu populi fit et constitutione regis.* BALUZE, dans sa préface, vient encore à l'appui de cette opinion : *Et ad omnium utilitatem capitula seu leges promulgabantur omnium ordinum consensu.* Et plus loin : *Itaque postquam capitula constituta erant a principe, legebantur coram populo, et postquam omnes consenserant, novis illis Capitulis omnes suscribebant.* Nous pouvons encore citer ces mots de BOUQUET dans la préface des lois saliques : *Hoc decretum est apud regem et principes ejus, et apud cunctum populum christianum, qui infra regnum Merwingorum consistunt.*

La puissance des rois s'acroissant de jour en jour, ils cherchèrent à se débarrasser de ces assemblées, qui apportaient certaines limites à leur pouvoir. L'étendue du royaume rendait, du reste, la réunion de la nation impossible. La puissance législative passa donc entièrement dans les mains de celui qui régnait, et la promulgation ne consista plus que dans l'enregistrement de la loi par les parlements.

Cet état de choses dura jusqu'en 1789. Les États généraux donnèrent une nouvelle forme pour décréter les lois : elles furent discutées et délibérées par les députés du peuple. Le roi était tenu d'en faire la promulgation, ce qu'il faisait en les envoyant aux tribunaux et autorités qui étaient chargés de les publier.

La constitution de 1791, acceptée par le roi le 14 septembre de la même année, réserva exclusivement au corps législatif le pouvoir de proposer et de décréter les lois ; le roi pouvait seulement inviter le corps législatif à prendre tel objet en considération. La loi décrétée, il pouvait refuser sa sanction ; mais si les deux législatures suivantes avaient présenté le même décret, alors le roi était censé avoir donné sa sanction, et comme chef du pouvoir exécutif tenu de la promulguer.

En 1793 le corps législatif s'empara à la fois du pouvoir législatif, du pouvoir exécutif et du pouvoir judiciaire : il devait donc faire exécuter les lois. Pour cela il ordonna l'insertion de la loi dans un bulletin, comme on le voit par l'article 1.er de la loi du 4 décembre 1793, qui porte : « Les « lois concernant l'intérêt public, ou qui sont d'une exécution générale, « seront imprimées séparément dans un bulletin numéroté, qui servira « désormais à leur notification aux autorités constituées. Ce bulletin « sera intitulé : Bulletin des lois de la république. » Cette notification au moyen du bulletin, n'était pas considérée comme un moyen suffisant pour opérer la promulgation, et c'est l'article 9 de la même loi qui y

a pourvu. «Article 9 : Dans chaque lieu la promulgation de la loi sera
«faite dans les vingt-quatre heures de la réception, par une publication
«à son de trompe ou de tambour, et la loi deviendra obligatoire à
«compter du jour de la promulgation.» Par cet article la promulgation
est confondue avec la publication et résulte d'un même fait.

Le 5 fructidor de l'an III le pouvoir législatif se sépare du pouvoir
exécutif. Au conseil des Anciens et au conseil des Cinq-Cents appartient
le droit de décréter la loi. Le directoire, composé de cinq membres, est
tenu de la promulguer, et il doit le faire dans les deux jours de sa réception. Ceci résulte de l'article 128 de la Constitution. L'article 129
l'obligeait même de publier dans le jour les lois et décrets du corps
législatif, précédés d'un décret d'urgence; et dans l'article 130 nous
trouvons la formule de la promulgation. Article 130 : «Au nom de la
«république française (loi ou acte du corps législatif) le directoire or-
«donne que la loi ou acte législatif ci-dessus sera publié, exécuté, et
«qu'il sera muni du sceau de la république.» Le directoire était respon-
sable de la promulgation des lois; et il ne devait promulguer que celle
dont le préambule attestait l'observation des formes prescrites pour la
délibération et la résolution de la loi (art. 77 et 91).

Sous la constitution du 22 frimaire an VIII, qui établit le consulat,
le corps législatif admettait ou rejetait le projet de loi qui lui était pro-
posé. La discussion était réservée au gouvernement et au tribunat. La loi
votée devait être, d'après l'article 41 de la Constitution, promulguée par
le premier consul.

Le senatus-consulte organique du 28 floréal an XII, changeant le gouvernement consulaire en empire, donne à l'empereur le droit de promulguer la loi, par l'article 137; il y est dit : «L'empereur fait sceller
«et fait promulguer les sénatus-consultes organiques, les sénatus-con-
«sultes, les actes du sénat, les lois. Les sénatus-consultes organiques,
«les sénatus-consultes et les actes du sénat sont promulgués au plus tard
«le dixième jour qui suit leur émission.» Ces dix jours avaient été réservés afin de recourir au sénat, et de lui dénoncer ces lois pour cause

d'inconstitutionnalité; c'est-à-dire comme n'ayant pas été rendues dans les formes prescrites par la constitution, ou comme portant atteinte à la dignité de l'empereur ou du sénat.

Nous avons dit dans l'introduction à qui appartient le pouvoir législatif sous le régime qui nous gouverne. Nous savons que le pouvoir exécutif appartient au roi, et comme chef de l'État il doit promulguer la loi. Ceci résulte des chartes de 1814 (articles 13, 14 et 22) et de 1830 (articles 12, 13 et 18). L'article 12 de la charte de 1830 porte : «Le roi est le chef suprême de l'État; il commande les forces de terre «et de mer, déclare la guerre, fait les traités de paix, d'alliance et de «commerce, nomme à tous les emplois d'administration publique, et fait «les réglements et ordonnances nécessaires pour l'exécution des lois, sans «pouvoir jamais ni suspendre les lois elles-mêmes, ni dispenser de leur «exécution.» L'article 18 de la même charte porte : «Le roi seul sanc-«tionne et promulgue les lois.»

La formule de promulgation, à peu près semblable à celle que nous avons citée plus haut, en diffère cependant assez pour que nous la rapportions. Elle est ainsi conçue : «Nous (le nom du roi) roi des Français; «à tous présents et à venir salut : les Chambres ont adopté, nous avons «ordonné et ordonnons ce qui suit (le texte de la loi). La présente loi, «discutée, délibérée et adoptée par la Chambre des pairs et par celle des «députés, et sanctionnée par nous cejourd'hui, sera exécutée comme «loi de l'État.

«Donnons-en mandement à nos cours et tribunaux, préfets, corps «administratifs et tous autres, que les présentes ils gardent et main-«tiennent, fassent garder, observer et maintenir, et pour les rendre plus «notoires à tous, ils les fassent publier et enregistrer partout où besoin «sera; et afin que ce soit une chose ferme et stable à toujours, nous «y avons fait mettre notre sceau.»

Nous avons dit que la sanction n'était pas suffisante pour rendre la loi exécutoire, et qu'il fallait la promulgation. Le Code civil ne fixe aucun terme au pouvoir exécutif pour cette formalité essentielle. Il en résulte un inconvénient. En effet, la promulgation étant un acte secret, on ne pouvait savoir à partir de quel jour la loi était rendue exécutoire. L'ordonnance du 27 novembre 1816 vint porter remède à cet état de choses, en disant dans son article premier : «A l'avenir la promulgation «des lois et des ordonnances résultera de leur insertion au Bulletin «officiel.» La promulgation prendra donc date du jour de son insertion au Bulletin, ou plutôt du jour de sa réception au ministère de la justice.

M. Duranton s'est demandé si le roi pouvait retirer une loi après l'avoir sanctionnée. Il est arrivé à l'affirmative, et voici comment il argumente : «Jusqu'à la promulgation, dit-il, l'acte législatif, quoique revêtu «de toute la force dont il est susceptible par l'effet de la sanction, n'est «cependant pas encore loi pour les peuples. D'après l'article premier du «Code, la loi est seulement exécutoire du moment où la promulgation «en peut être connue; d'où nous tirons la conséquence que ce n'est que «la promulgation qui pourrait empêcher la révocation de propre mouve-«ment.» Cependant l'opinion de ce savant jurisconsulte me semble susceptible de controverse.

La loi promulguée est exécutoire; mais elle n'est pas encore obligatoire. Nous allons voir dans le chapitre suivant comment elle le devient.

CHAPITRE II.

De la publication des lois.

La publication de la loi est le moyen par lequel cette dernière et sa promulgation sont portées ou réputées portées à la connaissance de tous les citoyens.

Nous avons vu dans le chapitre précédent comment les lois étaient rendues et comment elles devenaient obligatoires dans les temps anciens. Chez les Francs, la lecture au Champ de Mars tenait lieu de promulgation et de publication. Les rois devenus absolus, ce fut l'acceptation par les parlements qui rendit la loi obligatoire à dater du jour de l'enregistrement, qui pouvait être refusé.

Sous les diverses formes du gouvernement de la république, les moyens de publication ont varié, soit que l'on ait exigé la publication de la loi à son de trompe ou de tambour, soit que cette publication fût le résultat d'une lecture de la loi à l'audience des tribunaux ou de l'apposition d'affiches, soit enfin que l'on ait exigé l'insertion au Bulletin et l'envoi aux autorités constituées de chaque département.

Ayant déjà parlé des anciennes institutions, nous passerons tout de suite au Code civil, qui régit maintenant la France. L'article 1.ᵉʳ de ce Code porte : « Les lois sont exécutoires dans tout le territoire français, « en vertu de la promulgation qui en est faite par le roi.

« Elles seront exécutées dans chaque partie du royaume, du moment « où la promulgation pourra être connue.

« La promulgation faite par le roi sera réputée connue dans le dépar- « tement de la résidence royale, un jour après celui de la promulgation ; « et dans chacun des autres départements, après l'expiration du même « délai, augmenté d'autant de jours qu'il y aura de fois dix myriamètres « entre la ville où la promulgation aura été faite et le chef-lieu de « chaque département. » On voit par cet article que les législateurs qui ont décrété le Code civil n'ont exigé aucune forme, aucun moyen pour la publication de la loi. Les discussions qui ont précédé la rédaction nous apprennent qu'ils n'ont voulu admettre aucun des moyens précé- demment employés, parce qu'ils étaient tous incomplets et qu'ils ne portaient pas la loi à la connaissance de tous les citoyens. Cependant je pense avec M. ZACHARIE que ce n'était pas une raison suffisante pour n'admettre aucun d'eux, ou du moins pour ne pas chercher un meilleur mode de publication. En effet, la loi est exécutoire à Paris un jour après sa promulgation, et dans les autres départements, après l'expiration du même délai, augmenté d'autant de jours qu'il y a de fois dix myriamètres entre la ville où la promulgation a été faite et le chef-lieu de chaque département.

Mais la promulgation, avons-nous dit, est un acte secret du Gouvernement, et il arrivait que la loi était obligatoire sans qu'aucun acte de publicité eût pu la faire connaître. Les départements étaient encore plus mal partagés que la capitale; car l'article 1.er, qui rend la loi obligatoire dans les départements, ne dit pas que l'omission de l'envoi du Bulletin fût d'aucune influence sur sa force obligatoire résultant de l'écoulement du délai prescrit. La preuve contraire même n'aurait pu être admise par les tribunaux, tenus de juger conformément à la loi censée connue.

Il existait, sous la constitution de l'an VIII, une clause qui aurait pu faire regarder comme suffisante la présomption de publicité qui s'attache à la loi après la promulgation. Dix jours étaient réservés pour donner au sénat le temps d'attaquer la loi comme inconstitutionnelle; et l'on savait qu'après ces dix jours la loi serait infailliblement promulguée, et par suite deviendrait obligatoire d'après les délais fixés dans l'article 1.er que nous venons de rapporter. Cette constitution de l'an VIII ayant été abolie par la charte de 1814, il en résultait un grave inconvénient; car le roi n'étant plus tenu de promulguer la loi à jour fixe, on se trouvait dans l'impossibilité de savoir quand la loi était devenue obligatoire. Les ordonnances des 27 novembre 1816 et 18 janvier 1817 ont cherché à remédier à cet état de choses, en fixant une date à la promulgation. L'ordonnance de 1816 porte, en effet, que la promulgation ne prendra date que du jour où la loi aura été insérée au Bulletin, c'est-à-dire du jour où ce Bulletin aura été reçu de l'imprimerie royale au ministère de la justice. Le ministre de la justice constate la réception sur un registre tenu à cet effet, et c'est à partir du jour de l'arrivée du Bulletin au ministère que la loi est censée publiée et devient obligatoire, un jour franc après, dans le département de la résidence royale, et, dans les autres départements suivant le délai prescrit par l'article 1.er du Code.

L'ordonnance de 1817 est encore venue modifier celle de 1816, en accordant au roi le pouvoir de hâter l'exécution et la publication des lois, lorsqu'il le juge convenable. A cet effet il envoie, au moyen de courriers extraordinaires, la loi aux préfets, qui prennent tout de suite un arrêté et la font imprimer et afficher, ce qui la rend obligatoire.

M. MARCADÉ, dans ses Éléments du Droit civil français, prétend que ces deux ordonnances dont nous venons de parler sont illégales, en ce qu'elles dérogent à l'article 1.ᵉʳ du Code civil.

La publication légale se mesurant pour les départements à raison de la distance entre les différents chefs-lieux et la capitale, il est bon d'examiner les différents systèmes qu'a fait naître le calcul des distances fixées par un arrêté du 25 thermidor an XI. Ils sont au nombre de trois, que nous allons passer en revue.

PREMIER SYSTÈME.

Ce système consiste à tenir compte des fractions, quelque minimes qu'elles soient, et il donne un jour de délai pour deux myriamètres comme pour dix, et deux jours pour onze myriamètres comme pour vingt. Voici les raisons que l'on donne à l'appui :

1.° L'article 1.ᵉʳ, dit-on, regarde dix myriamètres comme la distance la plus grande que la loi puisse parcourir en un jour. La conséquence en est qu'au delà de cette distance la loi ne peut être réputée connue.

2.° M. DURANTON, dans son Cours de Droit civil, professe ce mode de calculer les distances. Il a conclu des dispositions de l'article 1.ᵉʳ que, dans les départements qui environnent Paris et dont les chefs-lieux ne sont pas éloignés de dix myriamètres, la loi devrait y être obligatoire en même temps qu'à Paris même, à moins de prendre pour règle le calcul des distances par fraction. Je pense que l'on peut répondre à M. DURANTON par un argument tiré de l'article 1.ᵉʳ lui-même. Cet article dit positivement dans son 3.ᵉ paragraphe que la promulgation faite par le roi sera réputée connue *dans le département de la résidence royale* un jour après celui de la promulgation. Et c'est seulement à Paris que la loi est obligatoire.

3.º La Cour de cassation a aussi adopté cette opinion plus favorable, en ce qu'elle accorde aux citoyens un temps plus long pour connaître la loi. Les arrêts qui ont été rendus sur cette matière sont du 21 mars 1831 et du 23 avril de la même année.

DEUXIÈME SYSTÈME.

Les partisans de ce système soutiennent que, quand il y a moins de cinq myriamètres, on doit les négliger, et que, quand il y en a cinq ou plus, on doit ajouter un jour, comme pour dix. Cette opinion ne me paraît fondée sur aucun texte de loi. Elle est d'ailleurs plus ingénieuse qu'utile, en ce qu'elle laisse subsister les mêmes inconvénients pour les chefs-lieux environnant la capitale.

TROISIÈME SYSTÈME.

Le dernier mode de calculer les distances consiste à faire toujours abstraction des unités pour ne compter que les dizaines. Le délai sera augmenté d'autant de jours qu'il y a de fois dix myriamètres. Or dans dix-neuf il n'y a qu'une fois dix myriamètres, ainsi un jour; dans vingt-neuf il n'y a que deux fois dix, ainsi deux jours. C'est cette opinion que j'ai cru devoir adopter : elle est appuyée par un sénatus-consulte du 15 brumaire an XIII. Conforme au texte de la loi, elle est professée par un grand nombre de jurisconsultes distingués. La rapidité de nos moyens de communication fait disparaître les inconvénients qui auraient pu en résulter; en effet, une loi qui n'est obligatoire à Strasbourg, éloigné de cinquante myriamètres de Paris, que cinq jours après l'avoir été dans cette dernière ville, arrive à Strasbourg dans l'espace de deux jours. Il y aura donc, depuis son arrivée, un intervalle de temps assez long avant qu'elle ne soit obligatoire.

Cette présomption de publicité souffre cependant une exception, lorsqu'il est prouvé qu'il était physiquement impossible que la loi fût connue dans un lieu pour le temps fixé ; par exemple, lorsque les communications sont interrompues par la rupture d'un pont, ou par une inondation, ou par l'invasion d'une armée ennemie.

Il est à remarquer que l'arrêté du 25 thermidor an XI, relatif aux distances, peut être modifié partiellement par le Gouvernement toutes les fois qu'il le juge à propos. La difficulté des communications avec les colonies a fait admettre que la loi n'y deviendrait obligatoire que du jour de son arrivée. Cette modification a été reconnue par le Conseil d'État. Elle résulte aussi de l'article 64 de la Charte de 1830 et de la loi du 24 avril 1833.

Les ordonnances qui ont remplacé les décrets, deviennent obligatoires comme les lois, lorsqu'elles ont été insérées au Bulletin. Si elles n'y sont pas insérées, elles ne deviennent obligatoires que lorsqu'elles ont été notifiées à personne (avis du Conseil d'État du 12-25 prairial an XIII).

Une dernière question se présente : c'est de savoir si une loi est facultative avant d'être impérative, c'est-à-dire avant que la date de la promulgation n'en soit connue. Je pense qu'un juge ne pourrait pas prendre pour règle de sa décision une pareille loi qui ne serait pas encore obligatoire.

On s'est encore demandé si une loi, obligatoire à Paris, était obligatoire pour un habitant de province se trouvant dans cette ville. Je dirai, avec M. DEMOLOMBE, que si la loi est personnelle, cet individu y est soumis, parce qu'il a sa résidence dans la ville. Si c'est une loi concernant les choses, elle ne sera obligatoire pour lui que le jour où elle le sera au lieu de son domicile.

CHAPITRE III.

De l'abrogation des lois.

L'abrogation d'une loi est la destruction et l'anéantissement de cette loi. Le pouvoir de créer des lois nouvelles emporte le droit d'abroger les anciennes. On abroge une loi ou l'on y déroge. L'abrogation est expresse ou tacite; nous en parlerons plus tard. La dérogation à une loi est l'abrogation d'une partie seulement de la loi.

Nous venons de dire qu'une loi ancienne pouvait être abrogée par une loi nouvelle; mais la loi peut-elle être abrogée par l'usage? Deux opinions se présentent et divisent les jurisconsultes. D'abord, on repousse l'abrogation de la loi par désuétude, en s'appuyant sur l'article 3 du titre préliminaire de l'ordonnance de 1669, ainsi conçu : « N'entendons toute- « fois empêcher que par la suite des temps, usage et expérience, aucuns « articles de la présente ordonnance se trouvaient contre l'utilité ou com- « modité publique, ou être sujets à interprétation ou déclaration, nos « cours ne puissent en tout temps nous représenter ce qu'elles jugeront à « propos, sans que, sous ce prétexte, l'exécution en puisse être sursise. »

La constitution de 1791 vient encore à l'appui de cette opinion. On trouve ces mots dans l'article 6, titre III, chapitre V : « Défense aux juges « de suspendre l'exécution des lois, de s'immiscer dans l'exercice du pou- « voir législatif et de faire aucun règlement. » M. DALLOZ prétend que le même principe est aussi consacré par l'article 5 du Code civil, qui porte qu'il est défendu aux juges de prononcer par voie de disposition générale et réglementaire.

La commission chargée de la révision des lois a, de son côté, soutenu l'opinion qu'il était dangereux d'adopter ce principe de l'abrogation de la loi par l'usage. Voici ce qu'on lit dans un rapport adressé au roi le 25 décembre 1825 : « La désuétude est une abrogation vivante de la « loi suivant les jurisconsultes romains. Il est difficile d'adopter cette opi- « nion comme une maxime générale, et il est plus sûr d'établir la maxime « tutélaire que les lois subsistent tant qu'elles ne sont pas révoquées, et « qu'elles ne peuvent l'être que par un acte des pouvoirs institués pour « le faire. »

Beaucoup d'auteurs ont consacré la maxime qu'il était dangereux d'admettre l'abrogation de la loi par désuétude; parce qu'il n'y a pas de règle pour établir quand une loi sera abrogée, et que la durée du temps n'est pas fixée invariablement. Ils regardent la loi comme existant toujours, bien qu'inexécutée.

D'autres auteurs ont admis et repoussé en même temps l'abrogation par désuétude. Ils veulent que les lois établies sous un gouvernement monarchique soient sujettes à tomber en désuétude et abrogées par elle ; tandis qu'ils repoussent ce principe sous un gouvernement constitutionnel, où les lois doivent être abrogées par le pouvoir qui les a créées.

J'ai cru devoir me ranger à l'opinion contraire, et admettre l'anéantissement d'une loi par un usage universel, uniforme, public, multiplié, observé par la généralité des habitants, répété pendant un long espace de temps, non contraire à l'ordre et à l'intérêt public, et constamment toléré par le législateur.

Voici les motifs qui m'ont décidé à adopter cette opinion.

L'usage peut suppléer à la loi ; il peut donc aussi l'abroger. La Cour de cassation a aussi jugé plusieurs fois dans ce sens, et a ainsi reconnu force obligatoire à un usage général. C'est ainsi qu'il a été établi que les articles 2 et 3 de l'ordonnance de 1673, tombés en désuétude, étaient abrogés par l'usage général du commerce. Ces articles déclaraient nuls, à défaut d'enregistrement et de publication des actes de société, les actes et contrats passés entre les associés, et entre les associés et leurs créanciers.

M. Daguessau dit dans sa lettre du 27 octobre 1736 : « Toutes les lois sont sujettes à tomber en désuétude, et il est bien certain que, quand cela est arrivé, on ne peut plus tirer un moyen de cassation d'une loi qui a été abrogée tacitement par un usage contraire. Il ne faut pas oublier cette règle du Droit romain : *Inveterata consuetudo pro lege habetur.* »

La loi 33, §. 1.er, *D. de legibus*, vient encore nous donner raison. Il y est dit : *Rectissime etiam illud receptum est, ut leges non solum suffragio legislatoris, sed etiam tacito consensu omnium per desuetudinem abrogentur.*

Les discussions qui ont eu lieu au Conseil d'État ont grandement contribué à me faire admettre ce principe. Les rédacteurs du Code civil

devaient être portés par un point d'honneur à défendre ces lois que leur
génie venait de créer; et dans le discours préliminaire, M. PORTALIS pro-
clame formellement l'abrogation de la loi par désuétude. « C'est, dit-il,
« par la désuétude que les peuples, sans secousse et sans commotion, se
« font justice des mauvaises lois. »

Cependant je dois dire que, si j'ai admis ce principe, c'est avec la
plus grande réserve; et il n'est pas à ma connaissance, que depuis la
publication du Code une de ses dispositions ait été abrogée par désuétude. On en trouve peut-être la raison dans le peu de temps qui s'est
écoulé depuis sa promulgation.

Nous avons distingué deux espèces d'abrogation, l'abrogation expresse
et l'abrogation tacite. Elles feront l'objet des deux sections qui vont
suivre.

SECTION Ire

De l'abrogation expresse.

L'abrogation expresse se divise en implicite et explicite : elle est explicite, lorsqu'elle a lieu en termes exprès, prononçant littéralement l'abrogation. C'est ainsi qu'ont été abrogés les articles 912 et 926 du Code civil
par la loi du 14 juillet 1819. La loi du 30 ventôse an XII, statuant sur la
réunion des lois civiles en un seul code, sous le titre de Code civil des
Français, abroge les anciennes lois et Coutumes qui régissaient la France.
L'article 7 porte : « A compter du jour où ces lois (le Code civil) sont
« exécutoires, les lois romaines, les ordonnances, les coutumes générales
« ou locales, les statuts, les règlements cessent d'avoir force de lois dans
« les matières qui font l'objet des lois composant le présent Code. » Sont
encore explicites, l'abrogation du divorce, prononcée par la loi du 8 mai
1816, et l'abrogation résultant de l'article 1041 du Code de procédure
civile. Il est ainsi conçu : « Le présent Code sera exécuté à dater du
« 1.er janvier 1807 : en conséquence tous procès qui seront intentés depuis
« cette époque seront instruits conformément à ses dispositions. Toute

« loi, coutume, usages et règlements relatifs à la procédure civile, seront
« abrogés. » On peut encore citer l'abrogation prononcée par l'article 2
de la loi du 13 septembre 1807, qui fixe l'époque à laquelle le Code
de commerce sera exécutoire; celle qui résulte du préambule de la loi
du 28 mai 1838 sur les faillites et banqueroutes.

L'abrogation implicite résulte des dispositions contraires de la loi
nouvelle avec celles de la loi ancienne. C'est un principe que l'on ne
doit appliquer qu'avec beaucoup de circonspection et de discernement.
On ne doit voir d'abrogation implicite que lorsqu'il y a contrariété
formelle, évidente et manifeste entre la loi ancienne et la loi nouvelle.
Les présomptions ne doivent pas conduire à penser qu'une loi antérieure a été abrogée par une loi postérieure. L'abrogation est, si on peut
le dire, une règle de Droit stricte.

Cela est si vrai, qu'en principe une loi générale ne déroge pas à une
loi spéciale, à moins que l'intention du législateur ne résulte suffisam-
ment de la loi elle-même.

Si deux lois statuent sur la même matière, et que la loi nouvelle ne
reproduise pas certaines dispositions particulières de la loi ancienne,
sans pourtant prononcer d'abrogation expresse, peut-on en conclure que
ces dispositions omises sont abrogées? Un arrêt de la Cour de cassation, du 8 février 1840, et un avis du Conseil d'État du 8 février 1812,
nous engagent à nous prononcer pour l'abrogation totale de la loi ancienne. En effet, la loi nouvelle, qui crée sur la même matière un système
entier et complet, sans que le législateur ait abrogé formellement la loi
ancienne, verrait l'économie et l'unité de ses dispositions entièrement
altérées par des institutions contraires de la loi antérieure.

Cependant on ne doit pas prendre cette décision comme absolue. Il
arrive quelquefois que deux lois doivent s'expliquer l'une par l'autre; il
faut alors les combiner, comme le prescrit la loi 28, *Dig. de legibus*.
Si la contrariété n'existe que sur quelques points, la loi nouvelle ne fait
qu'abroger ces points, qui sont en opposition avec son esprit, laissant
subsister dans toute leur force les autres dispositions. C'est ainsi que

nous voyons souvent le législateur ordonner que les lois précédentes continueront d'être en vigueur dans tout ce qui n'est pas contraire à la présente. On en trouve un exemple dans l'article 58 de la Charte de 1830, qui porte : « Le Code civil et les lois actuellement existantes, qui ne sont « pas contraires à la présente Charte, restent en vigueur jusqu'à ce qu'il « y soit légalement dérogé. »

SECTION II.

De l'abrogation tacite.

La loi est abrogée tacitement par la désuétude, par l'expiration du temps pour lequel elle a été faite, et par la cessation des motifs de la loi.

§. 1.ᵉʳ

Par désuétude.

Nous avons parlé plus haut de l'abrogation par désuétude; nous n'en parlerons pas davantage.

§. 2.

Par l'expiration du temps pour lequel elle a été faite.

Lorsqu'une loi a été faite pour un certain espace de temps seulement, le temps fixé écoulé, cette loi cesse d'être obligatoire ; c'est ce que l'on peut voir par la loi du 29 nivôse an VI, qui, par son article 22, ne devait être obligatoire que pendant un an, à dater de sa promulgation, à moins d'être renouvelée par le corps législatif. Elle le fut en effet par l'article 1.ᵉʳ de la loi du 29 brumaire an VIII, qui la maintint jusqu'au 29 nivôse de la même année.

L'article 219 du Code forestier établit encore le même mode d'abro-gation. Il est ainsi conçu : « Pendant vingt ans, à dater de la promulgation « de la présente loi, aucun particulier ne pourra arracher ni défricher

«ses bois qu'après en avoir fait préalablement la déclaration à la sous-
«préfecture, au moins six mois d'avance.» Le Code forestier ayant été
promulgué le 31 juillet 1827, cette disposition doit cesser d'avoir son
effet en 1847.

§. 3.

Par la cessation des motifs de la loi.

Les motifs de la loi venant à cesser, la loi par cela même cesse aussi.
Je vais en donner un exemple tiré du cours de M. RAUTER. Si une province est envahie par l'ennemi qui lui impose des lois, lorsque cette
province vient à être réunie au pays auquel le conquérant l'avait enlevée,
aussitôt les lois imposées sont abrogées *ipso facto.* C'est encore par la
même raison qu'ont été abrogés les articles 137 du sénatus-consulte
du 28 floréal an XII, et 37 de la constitution de l'an VIII. Ces articles
fixaient la promulgation de la loi au dixième jour qui suivait son
émission du corps législatif. Cet ordre de choses ayant été changé par
la Charte de 1814, ces articles sont abrogés, et il n'y a plus de délai
fixé pour la promulgation.

Je crois cependant que l'on doit user avec circonspection de ce mode
d'abrogation; car il pourrait arriver que le motif principal cessant, quelques motifs secondaires subsistassent encore qui pussent la rendre susceptible d'application.

DROIT COMMERCIAL.

DES DROITS DES FEMMES DES FAILLIS.

Le Code civil accorde aux femmes mariées des droits exorbitants des règles ordinaires qui régissent les sociétés, relativement aux reprises qu'elles peuvent exercer sur les biens de leurs époux. Voyons quels sont les changements que le Code de commerce a apportés à cette législation.

Avant de parler des reprises que les femmes peuvent exercer, je dois faire remarquer que le Code de commerce, dérogeant aux droits qui leur sont accordés par le Code civil, ne s'en occupe que pour les restreindre. Le Code de 1807 était en cela d'une rigueur extrême; en voici la cause : nombre de faillites scandaleuses avaient éclaté coup sur coup à Paris. Les prêteurs étaient ruinés, tandis que les femmes de leurs débiteurs affichaient un luxe immodéré. Napoléon, irrité de ces désordres, ordonna la discussion du Code de commerce; discussion qui avait été interrompue par les événements politiques qui s'étaient passés depuis 1787. En 1806 la discussion recommença au Conseil d'État. Ce conseil, voulant plaire à l'empereur, passa les bornes d'une juste équité et employa le plus de rigueur possible. Communiqué officieusement au tribunat, et corrigé sur ses observations, le projet fut porté au corps législatif, qui le communiqua officiellement au tribunat. Il fut enfin adopté par le corps législatif. On vit bientôt toute la rigueur qui résultait des dispositions de cette loi, et la jurisprudence, tout en déplorant cette sévérité, ne pouvait marcher contre le texte de la loi.

En 1838 nos législateurs donnèrent de nouvelles règles au régime de la faillite ; et dans un pareil travail ils ne pouvaient manquer de s'occuper des droits des femmes des faillis : c'est de cette dernière loi que je vais parler.

§. 1.er

Droits immobiliers.

La femme reprendra en nature ses immeubles qui n'auront pas été mis en communauté et ceux qui lui adviendront par succession ou par donation entre vifs ou testamentaire (C. comm., art. 557), c'est-à-dire que la femme conservera ses biens personnels. Mais une condition lui est imposée : elle doit justifier qu'elle est propriétaire des biens acquis, et cela, quel que soit le régime sous lequel elle est mariée. Ce n'est pas sans raison que les rédacteurs ont exigé la preuve de cette propriété. En effet, le failli a contracté des dettes, et en même temps il a fait des acquisitions. Il est donc à présumer que cette augmentation de son patrimoine a été payée avec l'argent des créanciers, et que sa femme, simple mandataire, n'a acquitté ces engagements qu'avec l'argent de son mari. Il est donc juste, dans ce cas, que les biens, produit des avances des créanciers, retournent à la masse de la faillite, à moins de preuve contraire.

Les mêmes suppositions sont à faire pour le cas où la femme aurait payé les dettes de son mari avec ses propres deniers. Si elle ne fait pas constater que c'est avec son argent qu'elle a rempli les obligations de son mari, on devra appliquer la même solution que pour le cas d'acquisition de biens.

Le Code civil, article 2121, accorde aux femmes une hypothèque légale sur tous les biens du mari. Le Code de commerce déroge encore ici au Droit commun. Mais il faut distinguer :

1.° La femme conserve l'hypothèque légale sur les biens que son mari possédait au moment du mariage et sur ceux qui lui sont advenus par succession, donation entre vifs ou testamentaire.

2.° Si le mari est devenu propriétaire à titre onéreux, alors on a dû présumer que ces acquisitions provenaient des deniers des créanciers; l'on a privé la femme de son hypothèque et réservé ses biens pour acquitter les dettes du failli.

Cependant si la femme a épousé un individu qui, au moment du mariage avait un état, ou si, sans avoir d'état, il n'était pas dans le commerce, et s'il n'avait embrassé cette profession qu'un an après son mariage, la femme conserve alors son hypothèque sur tous les biens du mari, sans qu'il y ait à distinguer s'il les possédait avant le mariage ou s'il les a acquis depuis, la femme ne devant pas souffrir de ce que son mari a embrassé dans la suite une telle carrière. Mais il faut surtout bien constater qu'une année s'est écoulée depuis le mariage avant l'époque où le mari a commencé son commerce; car alors on croirait que, de concert avec sa future, il n'a tardé à prendre son état que pour lui assurer des avantages que la loi lui enlève.

§. 2.

Avantages que le mari a faits à son épouse par contrat de mariage.

Ou ces avantages sont valables, ou ils sont nuls. La même distinction que nous venons de voir se présente encore. Si le mari est commerçant lors du mariage, ils sont nuls en cas de faillite; s'il avait un autre état, ou s'il n'avait entrepris le commerce qu'un an après son mariage, le contrat de mariage subsistant dans toute sa force, toutes les conventions doivent être exécutées.

Lorsque la femme fait des avantages au mari, le même cas se présente encore. Ou ils sont nuls, ou ils sont valables; et les mêmes raisons font décider pour le mari et pour la femme : les avantages, ne devant pas nuire aux créanciers, ne doivent pas non plus leur profiter.

Il arrive souvent, je dirai presque toujours, que la fortune d'un commerçant ne se compose que de meubles. C'est surtout dans ce cas que la loi de 1838 vient au secours de la femme, en faisant disparaître plusieurs dispositions de l'article 554 de l'ancien Code. Cet article faisait une distinction entre les meubles meublants, les effets mobiliers, les bijoux, les diamants et la vaisselle, et donnait seulement un droit de reprise sur ces derniers objets; exigeant en outre que la preuve de la propriété de ces divers biens fût faite par un état légalement dressé et annexé aux actes. Encore fallait-il que ces meubles fussent venus en sa possession soit par contrat de mariage, soit par succession. On ne regardait pas la donation entre vifs comme devant donner à la femme le droit d'enlever ces meubles aux créanciers.

L'article 560 de la nouvelle loi (cet article correspond à l'article 554 de l'ancienne), dicté par un principe de justice et d'humanité, ne fait plus la distinction dont nous venons de parler. Si les meubles sont en communauté, celle-ci se trouvant débitrice, la femme ne peut exercer aucune reprise. Dans le cas contraire, lorsque la femme peut prouver par inventaire ou tout autre acte authentique la propriété de ses effets mobiliers, qu'ils lui soient advenus par contrat de mariage, succession, ou donation entre vifs ou testamentaire, alors elle est admise à reprendre en nature tous les effets dont elle est propriétaire.

Lorsque la femme ne peut pas faire cette preuve, ou que les meubles sont en communauté, il eût été trop sévère de la dépouiller entièrement de ses effets mobiliers; aussi est-il permis aux syndics, avec l'autorisation du juge-commissaire, de lui remettre les linges et habits nécessaires à son usage.

FIN.